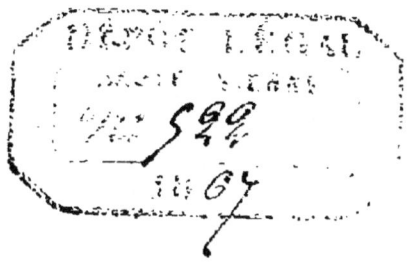

SAINTE GENEVIÈVE.

Approuvé par Mgr l'Évêque de Limoges.

VIE

DE

SAINTE GENEVIÈVE.

LIMOGES.
IMPRIMERIE DE BARBOU FRÈRES.

1867

VIE

DE

SAINTE GENEVIÈVE.

Sainte Geneviève, vierge célèbre, née à Nanterre, près de Paris, vers 423, consacra à Dieu sa virginité par le conseil de saint Germain, évêque d'Auxerre, qui fit lui-même la cérémonie de cette consécration. Cette sainte fille ayant été accusée d'hypocrisie et de superstition, l'illustre prélat confondit la calomnie et fit connaître son innocence. Attila, roi des Huns, étant entré dans les Gaules avec une armée formidable, les Parisiens voulurent abandonner leur ville; mais Geneviève les en empêcha, leur assurant que Paris serait respecté par les barbares. L'événement justifia sa prédiction, et les Parisiens n'eurent plus pour elle que des sentiments de vénération et de confiance. Ce fut par le conseil de cette sainte que

Clovis commença l'église de Saint-Pierre et Saint-Paul, où elle fut enterrée, et qui depuis l'an 512 a pris son nom. La réputation de sainte Geneviève était si grande, que saint Siméon Stylite avait coutume d'en demander des nouvelles à ceux qui venaient des Gaules. Son tombeau devint célèbre par plusieurs miracles, et fut orné d'ouvrages précieux, travaillés par saint Éloi. Sa vie, écrite en latin 18 ans après la mort de Clovis, est un monument contemporain.

SAINTE CATHERINE.

—

Sainte Catherine, vierge d'Alexandrie, martyrisée, dit-on, sous Maximin. Au IXe siècle, on trouva le cadavre d'une fille, sans corruption, au mont Sinaï en Arabie. Les chrétiens de ce pays-là, apparemment sur certains signes, le prirent pour le corps d'une martyre, et l'idée générale d'une vierge d'Alexandrie qui avait souffert dans cette contrée, fit croire que c'était le sien. Ils lui donnèrent le nom de *Catherine*, c'est-à-dire, *pure et sans tache*, lui rendirent un culte religieux, et lui firent faire une légende. Les Latins reçurent cette sainte, des Grecs, dans le XI.e siècle. On raconte dans son histoire, qu'elle disputa, à l'âge de 18 ans, contre 50 philosophes qui furent vaincus. Quoique cette légende ne mérite aucune confiance, on n'en doit rien conclure contre la réalité de la sainte qu'on honore sous le nom de *Catherine.* Jamais l'église universelle n'a invoqué des saints imaginaires; si les histoires de quelques-uns ont été rejetées par les savants, il ne s'ensuit autre chose, sinon que les vrais actes ont été défigurés, ou qu'ils ont péri par les dégâts du temps. Les recherches de la critique prouvent précisément que le Seigneur a des saints dont les actions ne sont bien connues que de lui seul; du reste, il a laissé dans son église leur mémoire, l'idée générale de leurs vertus, et leur protection puissante: titres suffisants pour diriger l'église dans le culte qu'elle leur rend.

SAINTE CÉCILE.

—

Sainte Cécile, Romaine d'origine et issue d'une famille noble fut élevée dans les principes de la religion chrétienne, dont elle remplit les devoirs avec la plus exacte fidélité.

Ayant fait vœu, dans sa jeunesse, de rester vierge toute sa vie, elle se vit forcée par ses parents à entrer dans l'état de mariage. On lui donna pour époux un jeune seigneur, nommé Valérien, qu'elle sut gagner à J. C. en le faisant renoncer à l'idolâtrie ; elle convertit aussi Tiburce son beau-frère, et un officier nommé Maxime. Tous trois furent arrêtés comme chrétiens et condamnés à mort. Sainte Cécile remporta la couronne du martyre quelques jours après. Les actes de cette sainte, qui ont peu d'autorité, placent sa mort vers l'an 230, sous

Alexandre-Sévère. On sait que, quoique cet empereur fût favorable aux chrétiens, cela n'empêcha pas qu'il n'en pérît un grand nombre sous son règne, soit dans les émeutes populaires, soit par la cruauté particulière des magistrats. D'autres mettent son martyre sous Marc-Aurèle, entre les années 176 et 180. L'église latine l'honore depuis le Ve siècle. Les musicien sont choisi cette sainte pour patronne, parce que ses actes nous apprennent qu'en chantant les louanges du Seigneur, elle joignait souvent la musique instrumentale à la musique vocale.

Il est certain qu'on peut faire servir la musique instrumentale à la musique vocale. Il est certain qu'on peut faire servir la musique au culte divin : les psaumes et les cantiques répandus dans les livres saints, la pratique des juifs, celle des chrétiens, ne permettent pas d'en douter. Saint Chrysostôme décrit les bons effets que produit la musique sacrée, et montre qu'une psalmodie dévote est très-efficace pour allumer dans l'âme le feu de l'amour divin. Saint Augustin dit qu'elle a la vertu d'exciter de pieuses affections, et d'échauffer le cœur par la divine charité. Il rapporte qu'après sa conversion, il ne pouvait entendre chanter dans l'église sans verser des larmes; mais il remarque en même temps le danger qu'il y a de se livrer trop au plaisir de l'harmonie, et il avoue, en gémissant, qu'il lui était arrivé d'être plus touché de la musique que de ce qui était chanté

SAINTE COLLELTE.

—

Sainte Collette, réformatrice de l'ordre de Sainte Claire, née à Corbie en Picardie le 13 janvier 1380, était fille de Robert Boilet, charpentier, et de Marguerite Moyon, qui était presque sexagénaire. Elle passa les premières années de sa vie dans la pénitence; et après la mort de son père et de sa mère, ayant distribué aux pauvres ce qu'ils lui avaient laissé, elle se retira dans un couvent de béguines qui vivaient sous la direction des religieux de Saint-François. Ayant trouvé cet institut trop relâché, elle passa dans celui des urbanistes, puis dans celui des bénédictines; mais ne trouvant pas dans tous ces ordres de quoi satisfaire son zèle, elle prit l'habit du tiers-ordre de Saint-

François, dit *de la Pénitence*, fit un vœu particulier de clôture, et pratiqua de grandes austérités. Elle s'occupa ensuite de la réforme des religieuses de Sainte-Claire, et alla en 1406 trouver à Nice Pierre de Lune que l'on reconnaissait en France pour pape, sous le nom de Benoît XIII. Elle obtint de lui tous les pouvoirs qu'elle pouvait souhaiter pour exécuter son pieux dessein. N'en ayant pu venir à bout en France, elle se retira en Savoie, où elle établit sa réforme, qui dans la suite se répandit dans plusieurs provinces. Elle mourut à Gand le 6 mars de l'an 1447, âgée de 66 ans et 52 jours. Quelques religieux de Saint-François embrassèrent aussi sa réforme; ils eurent beaucoup de maisons en Bourgogne, où on les appelait les *colétans*; mais on les réunit en 1517 aux observantins. Sixte IV lui donna de vive voix la qualité de *beata* et de *sancta*, et Clément VIII permit aux clarisses de Gand d'en faire solennellement l'office au commun des vierges.

Lorsqu'on leva son corps de terre, à Gand, en 1747, il s'opéra plusieurs miracles. L'ordinaire du lieu en constata juridiquement la vérité et en dressa le procès-verbal qui fut envoyé à Rome. Sa canonisation a été prononcée par Pie VII le 3 mars 1807. Sa *Vie* a été écrite par Pierre de Vaux, son confesseur, et par plusieurs autres ; elle a été abrégée par un anonyme et publiée par l'abbé de Montis avec celle de Philippine, duchesse de Gueldres.

SAINTE CUNÉGONDE.

—

Sainte Cunégonde, fille de Sigefroi, premier comte de Luxembourg, femme de l'empereur Henri II, fut accusée d'adultère, quoiqu'elle eût fait vœu de chasteté. Elle prouva son innocence, si l'on en croit quelques historiens, en tenant dans ses mains une barre de fer ardente, et, selon d'autres, en marchant sur des socs de charrue rougis, sans se brûler. Les mêmes historiens rapportent que son mari dit dans ses derniers moments aux parents de sa femme : « Vous me l'avez donnée vierge, » je vous la rends vierge ; » discours où les critiques modernes ont cherché fort à propos une matière de censure.

Henri étant mort l'an 1024, Cunégonde prit le voile dans un

monastère qu'elle avait fondé. Elle y mourut en 1040, dans les exercices de la pénitence. Le pape Innocent III la canonisa solennellement en 1200. Son corps est inhumé avec celui de Henri dans la cathédrale de Bamberg.

SAINTE MARINE.

Sainte Marine, vierge de Bithynie, vivait, à ce qu'on croit, vers le VIIIe siècle. Son père, nommé *Eugène*, se retira dans un monastère, et la laissa dans le monde à l'âge de la dissipation et des plaisirs. Cette conduite imprudente lui causa des remords. Son abbé lui ayant demandé le sujet de sa tristesse, il lui dit qu'elle venait du regret d'avoir laissé son enfant.

L'abbé croyant que c'était un fils, lui permit de le faire venir dans le monastère.

Eugène alla quérir sa fille, lui coupa les cheveux et la revêtit d'un habit de garçon, en lui recommandant le secret de son sexe jusqu'à sa mort. Elle fut reçue dans le monastère sous le nom de frère *Marin*, et y vécut d'une manière exemplaire.

On dit qu'ayant été accusée d'avoir abusé de la fille de l'hôtel où elle allait quérir les provisions pour le monastère, elle aima mieux se charger de cette faute, que de déclarer son sexe.

On la mit en pénitence à la porte du monastère, et on la chargea de l'éducation de l'enfant. Enfin elle mourut environ trois ans après.

L'abbé ayant reconnu, après sa mort, ce qu'elle était, eut beaucoup de douleur de l'avoir traitée avec tant de rigueur Ses reliques furent transportées de Constantinople à Venise en 1250.

SAINTE MARTINE.

—

Sainte Martine, issue d'une des plus illustres familles de Rome, scella sa foi par l'effusion de son sang dans le IIIe siècle. Son culte est très-ancien ; et nous voyons que du temps de saint Grégoire-le-Grand, les fidèles allaient dans la chapelle consacrée à sa mémoire.

En 1256, le pape Alexandre IV dédia une église sous son invocation. On fit, en 1634, la translation de ses reliques trouvées dans les ruines de l'ancienne église. Urbain VIII en fit bâtir une plus grande et plus belle, inséra l'office de la sainte dans le Bréviaire romain, et en composa lui-même les hymnes.

LIMOGES.—IMPRIMERIE DE BARBOU FRÈRES.

OPUSCULES IN-18.

VIES DE SAINTS.   HISTORIETTES.

	Benoît, ou le pieux Ma...
-	Deux (les) Frères.
Jacques le Majeur.	Calomnie (la) punie.
Cyr.	Deux (les) Cousins.
Philippe.	Petite (la) Fille colère.
Léon, pape.	Adolphe et Laurent.
Antoine de Padoue.	Bienfaisance (la).
Louis de Gonzague.	Roi (le) de Maissour.
Ferdinand.	Mission (une) en Chine.
Basile et S. Grégoire.	Armandine, ou les Avantages d'un joli Caractère.
Sainte Marie d'Égypte.	
Eugénie et Ste Eustochie.	Marguerite, ou Constance dans la Foi.
Victoire.	Juliette, ou la Désobé...
Agape, Ste Chionie et Ste Irène.	Tribu (une) indienne.
	Courage et Foi.
Mélanie.	Raphaël, ou la Conversion
Françoise.	Lien (le) de Reconnaissance
Brigitte.	Sœur Élisabeth.
Thérèse.	Claire, ou du danger de porter.
Élisabeth de Hongrie.	
Geneviève.	Prudence (la), ou Récit Morales.
	Petite (la) Esther.

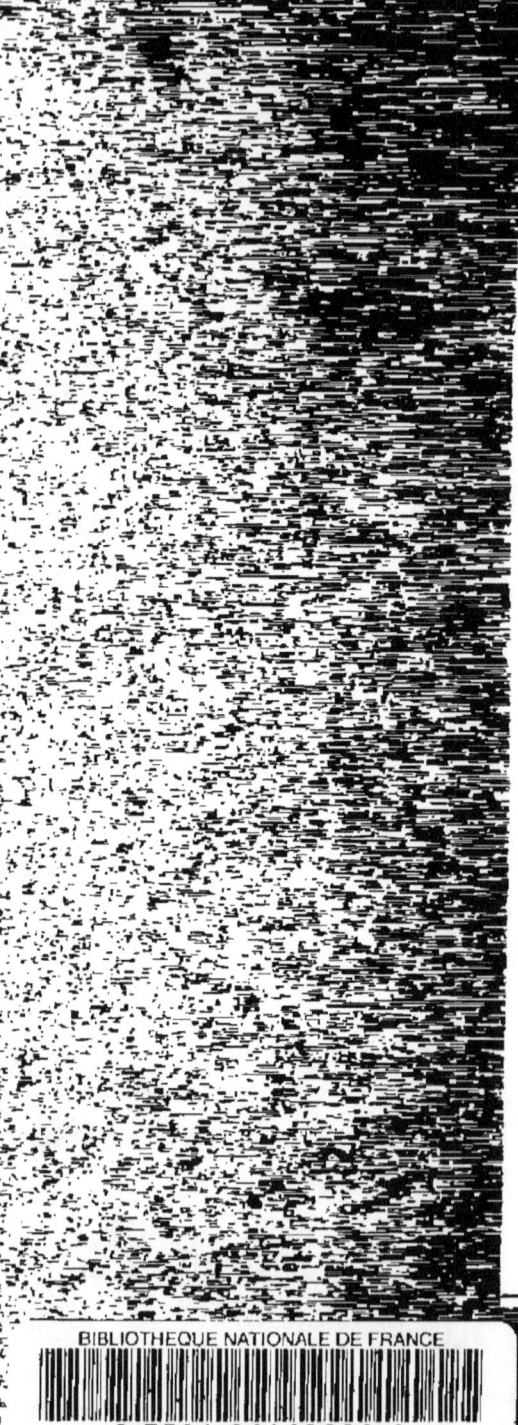

www.ingramcontent.com/pod-product-compliance
Lightning Source LLC
Chambersburg PA
CBHW060507050426
42451CB00009B/868